श्री ब्रज लीला

Books by Mukesh Chhajer:

- Random Reflections (2006)
- On Life and Liberation: Essays on Jain Practices and Philosophy (2007)
- Silent Voices (2008, 2012)
- समय के रंग (Samay Ke Rang) (2010, 2012)
- Tirthankar Mahaveer: A Biography in Verse (2010, 2012, 2019)
- Momentary Madness (2012)
- Love's Lies and Other Deceptions (2013)
- आहत आत्माऐं (Aahat Atmaen) (2015)
- मार्ग और मंज़िल (Marg aur Manjil) (2016)
- Quiet Chaos (2017)
- Afternoon Fog (2018)
- Defiance (2018)
- Unlocked (2019)
- Transition (2020)
- A Journey (2021)
- Gaze (2022)
- A Visitor (2023)
- श्रीकृष्ण लीला प्रसंग (Shri Krishna Lila Prasang) (2023)
- Conflict (2024)
- श्री ब्रज लीला (Shri Braj Lila) (2024)

श्री ब्रज लीला

काव्य संग्रह

मुकेश छाजेड़

Title: श्री ब्रज लीला (Shri Braj Lila)

Author: मुकेश छाजेड़ (Mukesh Chhajer)

Language: हिन्दी (Hindi)

Published: July 16, 2024

Publisher: Mangal Publications

Cover Photograph and other photographs: Mukesh Chhajer

Copyright © 2024 Mukesh Chhajer
All rights reserved. No part of this book can be reproduced in any form without the prior written permission of the author, except brief excerpts for reviews.

ISBN 13: 978-1-962178-04-4

श्री ब्रज लीला – मुकेश छाजेड़

महारास का हुआ आयोजन
    मुरली का सुर था आमंत्रण
करने को स्वीकार परंतु
    है आवश्यक पूर्ण समर्पण

ध्वनि पड़ी अगणित कानों पर
    गूँजी दसों दिशाओं में
सुन पाये पर वे ही प्राणी
    प्रेम भरा जिन हृदयों में

अनजान खींचे वे आ पहुँचे
    छोड़ी जग की मर्यादाऐं
बंधकर प्रभु की लीला में वे
    सदा – सदा को मुक्त हुए

     ॐ

जब आई याद तुम्हारी कान्हा
	हुआ हृदय मतवाला मेरा
छवि तुम्हारी उभरी ऐसी
	नैनों ने भी हार मान ली

तुम ही सूरज, तुम ही चन्दा
	तारों की तुम हो चंचलता
तुम ही अग्नि, तुम ही वायु
	जल की हो तुम ही शीतलता

तुम ही पर्वत, तुम ही दरिया
	सागर की तुम हो गहराई
तुम ही सूखा, तुम ही वर्षा
	धरती की तुम ही हरियाली

तुम आक्रोश, तुम्हीं हो शोक
	तुम ही अधरों की मुस्काहट
तुम ही बचपन का भोलापन
	प्रियतम के कदमों की आहट

कण-कण करता है ध्यान तेरा
	क्षण-क्षण है तेरी झंकार
बिना तुम्हारे कान्हा कैसे
	होगा मानव का उद्धार
			ॐ

सुर-सुर है मधुर, हैं चक्षु मधुर
          मधुर-मधुर है मुस्काहट
है चाल मधुर, है कार्य मधुर
          मधुरम शब्दों का उच्चारण

है गंध मधुर, स्पर्श मधुर
          हर हावभाव में आकर्षण
मात्र स्मरण से जिनके
          प्राणी होते सब कर्म मुक्त

हैं कृष्ण वही, हैं वही कृष्ण
          हर समय उचित, तुम करो समर्पण
शुभ घड़ी वही जब तुम कह दो
          प्रभु आया मैं अब, तुम्हरी शरण

                ॐ

भर पिचकारी तूने डारी
           कर दी चुनरी लाल
ऐ साँवरिया, फिर क्यों कहता
           भूली मैं घर का मार्ग

बाग-बगीचे, भवन अनोखे
           कदम-कदम पर खेल-तमाशे
कैसे मैं बच पाऊँ इनसे
           तेरा ही यह जाल

रखता है तू भ्रम में मुझको
           देता है उपदेश अधूरे
कभी ज्ञान, कभी कर्म की महिमा
           कभी प्रमुख भक्ति को कहता

कभी पुकारूँ तू नहीं आता
           और कभी पीछे पड़ जाता
क्षण-क्षण में तू बात बदलता
           तुझसे मैं हैरान

भर पिचकारी तूने डारी
           कर दी चुनरी लाल
ऐ साँवरिया, फिर क्यों कहता
           भूली मैं घर का मार्ग

                    ॥ॐ॥

श्री ब्रज लीला – मुकेश छाजेड़

आये उद्धव वृंदावन
          समझाने, हैं कौन श्रीकृष्ण
देख गोपियों की भक्ति पर
          भूल गये सब अपना ज्ञान

देख रहे हो फूल दूर से
          वर्णन उसकी खुशबू का
नहीं यदि सूँघा उसको
          अनुभव क्या होगा पूरा

बहती दरिया जल भी गहरा
          प्यासा पर है दूर खड़ा
यदि जल का गुणगान करे तो
          बुझ जाये क्या प्यास वहाँ

                ॥ॐ॥

नहीं चुराते माखन ब्रज में
    नहीं खेलते रंगों संग
नहीं घूमते गलियों में तब
    कैसे ब्रज होता पावन

जिस मटकी को छुआ प्रभु ने
    शुद्ध हो गये उसके कण
फोड़ उसे जग में फैलाया
    गये कर्म तब सारे धुल

कभी गैया संग, कभी जमुना तट
    पर मुरली की धुन हरदम
गूँज रहा है आज भी ब्रज में
    उन अधरों का सुंदर स्वर

      ॐ

श्री ब्रज लीला – मुकेश छाजेड़

यमुना तट पर श्याम पधारे
    आज वहाँ पर नहीं है राधे
कितने आधे - कितने आधे
    आज नहीं मुरली धुन बाजे

जल की धारा, वृक्ष-लताऐं
    हैं बेचैन, रहे सब खोये
कान खोजते पायल का स्वर
    राह देखती सभी निगाहें

वायु में भी नहीं है हलचल
    धरती की धड़कन भी स्थिर
सबके मन में यही भावना
    कहाँ हो राधे, कहाँ हो राधे

      ॐ

जैसी राधा वैसे श्याम
           एक हैं वे बस दो हैं नाम
करने मानव का उद्धार
           हुये अवतरित वे ब्रजधाम

नंदलाल, वृषभानु किशोरी
           जोड़ रही मुरली धुन प्यारी
जो भी उनके द्वारे आये
           नहीं जाये कभी हाथ वह खाली

कहे यदि कभी राधारानी
           हे कान्हा, तू है अभिमानी
उसी समय छूकर चरणों को
           कहते कान्हा, कृपा है तेरी

और यदि कभी रूठे कान्हा
           रहे किशोरीजी नतमस्तक
अश्रुधार तब तक नहीं रुकते
           जब तक कान्हा नहीं हों सम्मुख

                    ॐ

जिसके सहारे, चमकते हैं
        सूरज, चाँद और तारे
जिसकी चौखट पर, सिर
        ब्रह्मा और शिव हैं झुकाते
जिसकी करुणा से, धुल
        जाते हैं पाप सारे
हैं वे ही, श्रीकृष्ण की हृदयांगणी
        श्री राधे

॥ ॐ ॥

वे ही माया, वे ही धाम
          वे ही हैं इस जग के प्राण
उनकी ही मुरली से उभरे
          ध्वनि जिससे उपजे आनंद

गैया, गोपी, श्यामा साथ
          बाबा, मैया, दाऊ भ्रात
लता-पत्तियाँ, फूल-और-फल
          है सबके मन में आनंद

तट यमुना का है पावन
          नित्य वहाँ चलता है रास
यदि चाहते हो दर्शन
          तन-मन को तुम करो समर्पित

                    ॐ

ये रास भी है और तांडव भी
    ये भक्ति और संहार भी है
यह ही पूनम की पावनता
    अमावस का अंधकार भी है

मुरली की धुन जो समझ गये
    आ पहुँचे जमुना तट पर वे
शेष सभी हैं झुलस रहे
    भवसागर की मझधार में

श्यामा-श्याम यही कहते
    आ जाओ मेरे प्रांगण में
नहीं वहाँ कोई बाधा है
    यदि प्रेम भरा तेरे उर में

     ॐ

मुरलीधर कहते मुरली से
            ऐसी धुन तुम सदा बजाओ
कानों से जो सुनी न जाये
            उर को पर तत्काल हिलाये

श्रद्धा-भक्ति जिसके मन में
            राग-द्वेष से सदा दूर जो
भूख नहीं जिसके जीवन में
            उसको यह आह्वान सुनाओ

पावन इस यमुना के तट पर
            ओत-प्रोत इस सोमसुधा में
राधेश्याम के शाश्वत सत् का
            तुम भी कुछ आनंद उठाओ

                ॐ

कहती सखियाँ, सुनो राधिके
                आज नहीं कान्हा आ सकते
कहते वे, वे श्रेष्ठ हैं सबमें
                करें पराजित, यह निश्चय

कहें राधिके, है यह भ्रम
                बिना पराजय प्रेम नहीं
मिलन नहीं होगा संभव
                यदि गये हम जीत कहीं

॥ ॐ ॥

ऊधो तुम हो बड़े चतुर

पीताम्बर प्रभु का कर धारण
                मुकुट चढ़ाया माथे पर
हाव-भाव भी प्रभु सा धर के
                आये हो तुम बहकने

कहते हो प्रभु हैं निर्मोही
                ज्ञान से होती उनकी प्राप्ति
प्रतिदिन वे घुस-घुस कर घर में
                करते थे क्यों माखन चोरी

कहते तुम वे हैं सर्वव्यापी
                योग से होगी अनुभव प्राप्ति
पाओगे पर क्या आनंद
                जैसा जब हम साथ नाचती

कहते हो प्रभु बड़े पराक्रमी
                धर्म संरक्षण में उनकी प्रीति
कैसे पर यह है संभव जब
                खुद ठुकरा दें प्रेम और भक्ति

ऊधो तुम हो बड़े चतुर

ॐ

वृंदावन है एक भावना
    बसे जहाँ गोपी और राधा
नित्यप्रति ही जहाँ रास हो
    माखन चोरी करे साँवरा

स्वार्थ वहाँ हरदम ही हारे
    लालच-लोभ पछाड़ा जाये
छल और कपट जहाँ आने से
    पहले ही साहस खो बैठें

      ॐ

बढ़ा इंद्र का जब अभिमान
           कहा, करो पूजा गोवर्धन
कुपित इंद्र, बरसे मूसलाधार
           पर्वत सहज किया तब धारण

जल बरसा तब लगातार
           सात दिवस और सात ही रात
समझ गये तब देवराज
           किया अवश्य मैंने अपराध

ब्रह्मा के भी हो गया भ्रम
           यह ग्वाला कैसे हो ब्रह्म
साथ ले गये ग्वाले-गैया
           प्रभु ने सबका रूप धरा

एक वर्ष फिर लौट के आये
           हुये अचंभित देख नज़ारा
जान गये, ये नहीं साधारण
           कर प्रणाम कहें, करो क्षमा

               ॐ

प्रभु चाहते मैया मुझको
                समझे बस बेटा अपना
कहे कोई चाहे माधव-केशव
                कहे मैया बस कान्हा-कान्हा

माखन चोरी, फोड़ी मटकी
                खेल खेलते कीचड़ में
सखा साथ हैं गाय चराते
                समझे मैया, ग्वाला मैं

प्रभु की अद्भुत लीला को
                ज्ञानी-योगी देख रहे
उठती उनके मन अभिलाषा
                हम भी इसमें शामिल हों

छड़ी उठाई, पकड़ा कान
                दिया ओखली से भी बाँध
इस सांसारिक लीला में
                यह तो माता का अधिकार

ॐ

यमुना तट पर प्रभु की लीला
        देख रहे सब देवी-देवता
अचरज में खुद पड़ गये ब्रह्मा
        नहीं इंद्र ही समझ यह पाया

गोवर्धन का मान बढ़ाया
        भ्रम ब्रह्मा का भी उतराया
आये राक्षस उन्हें मारने
        सब को पर यमघाट लगाया

गाय चराई, माखन खाया
        मैया के मन को हर्षाया
साथ गोपियों के मिलकर फिर
        यमुना तट पर रास रचाया

        ॐ

प्रियतम और प्रिया की जोड़ी
    वृंदावन में सत्य यही
नहीं कान्हा कभी वहाँ अकेले
    नहीं अकेली राधा ही

यदि खोजते हो कान्हा को
    जानों कहाँ विराजे श्री जी
यदि राधा दर्शन अभिलाषा
    जानों कहाँ छिपे हैं कान्हा

यदि तुम करते भेदभाव तो
    नहीं जानते इनकी माया
क्या तुम भी पहचान सकोगे
    कौन है कान्हा, कौन है राधा

      ॐ

कहे गोपियाँ, सुन ओ कान्हा
    क्या तूने है जादू डाला
सुबह-शाम हम करें प्रार्थना
    कर चोरी तू, माखन खा

यदि नहीं तू कभी आता
    रहता मन उथला-उथला
कौन चाहता हो चोरी
    इसके सिवा पर क्या चारा

हम चाहे तू बाँध हमें
    क्या नहीं है तुझमें शक्ति
करेंगी तब तक हम कोशिश
    तू करे हमारे घर चोरी

      ॥ॐ॥

सुख और दुख का साथ सदा ही
    बदनामी और ख्याति भी
धन-दौलत या कभी गरीबी
    पाप-पुण्य भी हैं साथी

जहाँ द्वैत वहाँ द्वन्द सदा ही
    कौरव-पाँडव हैं भाई
साथ यदि पर हैं माधव तो
    मुक्ति भी है परछाई

नहीं गोपियाँ कहें कान्हा से
    मुक्ति की अभिलाषा है
वे तो केवल करें प्रार्थना
    माखन रोज चुरा जा रे

विरह तुम्हारा हम सह लेंगी
    चाहे नर्क ही क्यों न मिले
यही कमाना है मन में बस
    छवि तेरी हरदम उभरे

      ॐ

मधुर रास की शुभ बेला में
                भूली गोपियाँ जग-व्यवहार
मध्यरात्रि में पहुँच गई वे
                जहाँ हो रहा वेणु वादन

उभर रहा था स्वर वह ऐसा
                झूम उठा उसमें ब्रह्मांड
जाग रहा गोपी के मन में
                अद्भुत और अनोखा प्रेम

नहीं राग और नहीं द्वेष वहाँ
                अहंकार नहीं लेशमात्र
पूर्ण समर्पण आज कर रही
                दे दी डोर प्रभु के हाथ

चाहे अब नजदीक प्रभु हों
                हों चाहे वे कोसों दूर
महारास के बाद सदा ही
                रहें प्रभु नैनों के भीतर

                        ☙ ॐ ❧

आये उद्धव देने ज्ञान
            कहते वे, करो केंद्रित मन
कहती गोपी, हे ऊधो
            नहीं टूटा अभी तेरा भ्रम

मन तो एक, गया वह संग
            जहाँ गये मेरे प्रियतम
नहीं है मुझमें यह सामर्थ
            खींच लूँ मैं फिर से वापस

और यदि यह संभव भी
            कहलाऊँगी मैं पापी
किया दान जो एक बार
            वापस लेना फिर उचित नहीं

ध्यान-ज्ञान की ये बातें
            करे वही जिसमें बुद्धि
हम तो हैं अनपढ़-गँवार
            हैं हम चरणों की दासी

                      ॐ

कैसे उद्धव जान सकेंगे
          पीड़ा क्या मन में मोहन के
रेगिस्तान में नहीं हैं फलते
          बाग-बगीचे, फल वृक्षों पर

सूखी मिट्टी धूल उड़ाती
          नहीं ईंट को जोड़ वह पाती
यदि मिले कुछ जल जब उसमें
          ऊँचे-ऊँचे भवन बनाती

ज्ञान ताप है, भस्म करेगा
          यदि बीज उसमें गिर जाये
साथ यदि पर थोड़ा जल हो
          भोजन बन वह भूख मिटाये

प्रभु चाहते मन उद्धव का
          थोड़ा ज्ञान से दूर हटे
भेज दिया प्रभु ने उद्धव को
          जहाँ प्रेम का स्रोत बहे

                    ॐ

हाथ में माखन, कमर में मुरली
              भागे कान्हा गली-गली
पीछे-पीछे दौड़े गोपियाँ
              रंगे हाथ पकड़ने चोरी

ना कान्हा इससे घबराते
              आज वे शायद जायें पकड़े
नहीं चाहती कोई गोपी
              इस चोरी का क्रम ही टूटे

दौड़ रहे नंगे पैरों वे
              करने इस भूमि को पावन
कब फिर ऐसा अवसर आवे
              हो जब इस लीला का दर्शन

                        ॥ ॐ ॥

ज्ञान थी उद्धव की पहचान
          प्रेम-भक्ति सब साधारण
देख प्रभु का रूप विह्वल
          पूछे उद्धव, क्या कारण

कहते प्रभु, हे सुन ऊधो
          नहीं भूल पाता मैं ब्रज को
मैया, बाबा, गैया कैसे
          बीता रहे दिन बिन मेरे

खोज रही होंगी वे आँखें
          सदा तरसती थी जो दर्शन
कितनी विरह आज है उनमें
          समझ पायेगा क्या कोई मन

जिसे देखने की उत्सुकता
          मेरे मन में सदा रहे
उसके मन की गहराई में
          कितनी व्यथा है छुपी हुई

यदि उन्हें तुम समझ दो
          यह जग तो बस मिथ्या है
दुख हो जाये उनका दूर
          हो जाऊँ मैं भी तब पूर्ण

॥ॐ॥

गये गोपियों को समझाने, ज्ञान का झण्डा फहराने
प्रेम-भक्ति को अब तुम त्यागो, ब्रह्मज्ञान है ऊँचा सबसे

जिसको तुम कहती हो कान्हा, माखनचोर और ब्रज का ग्वाला
वे तो हैं ब्रह्मांड रचेता, ध्यान-ज्ञान ही एक सहारा

नहीं पुत्र वे, नहीं सखा वे, नहीं प्रेम उनके ही मन में
जिसे देख तुम हुई बावरी, है वह भी एक रूप बहाना

ऊधो माना तुम हो ज्ञानी, सखा हो उनके यह भी सही
नहीं पर उनको तुम जानों अभी, चुरा गये वे प्रीत हमारी

वृक्ष-लताओं और पत्तों में, जमुना के इस शीतल जल में
वृंदावन के हर एक कण में, छवि उनकी ही हरदम उभरे

तुम कहते हम उन्हें भुला दें, कैसे यह संभव भी हो
जब वे ही साँसों के माध्यम से, उतर गये खुद ही उर में

ॐ

श्री ब्रज लीला – मुकेश छाजेड़

जब मैया ने कहा कन्हैया, सुनती हूँ मैं बहुत शिकायत
कभी चोरी, कभी मटकी फोड़ी, आती नहीं क्या लाज़ भी थोड़ी

जब से जन्म हुआ है तेरा, आते हैं कई लोग विचित्र
कोई राक्षस, कोई साधु, जटा बड़ी और गले भुजंग

बड़े-बड़े ज्ञानी भी सम्मुख, भूल जाते हैं अपना ज्ञान
नीर बहे उनके नैनों से, करते वे तुझको वंदन

और इधर तू करे परेशान, इन बेचारी ग्वालन को
दूध-दही यदि ना बेचे तो, कैसे हो पालन-पोषण

चाह रहे कान्हा कि कह दूँ, हे मैया तू है भोली
कारण मेरी क्रीड़ाओं का, है तुम सबकी भक्ति

वचनबद्ध पर हैं कान्हा भी, कैसे राज बता देवें
इसीलिये कहते मैया से, हैं ग्वालिन ये सब झूठी

ॐ

मधुर ध्वनि मुरली से उभरे
               पड़े कान में, वह ही दौड़े
तट यमुना पर आज मिलेगा
               जन्म-जन्म से जिसको चाहा

पूछ रहा पर वह भी उनसे
               क्यों तुम आई छोड़ सभी को
नहीं तुम्हारे क्या कर्तव्य
               मध्यरात्रि क्या उचित समय

कहें सभी वे, हे प्राणेश्वर
               बिना तुम्हारे सब है व्यर्थ
पति, पुत्र, परिवार तो केवल
               हैं बंधन, फैलायें भ्रम

हो बस तुम ही एक हमारे
               है तुम पर सब कुछ न्यौछावर
स्वाँस-स्वाँस में तुम्ही समाये
               चले निरंतर या रुक जाये

                      ॐ

मैया भोली, भोले बाबा
                भोले सभी सखा
भोली गोपियाँ, भोली राधा
                तब ही साथ कन्हैया

यदि है मन में तनिक कुटिलता
                होगा युद्ध बड़ा
भीष्म, द्रोण और कृपाचार्य भी
                पा न सके वह क्षमता

                        ॐ

जहाँ श्याम वहाँ राधारानी
                जहाँ राधा वहाँ श्याम
नहीं टूटता प्रेम का बंधन
                दूरी तो एक भ्रम

चाहे मथुरा, चाहे द्वारिका
                या कहीं और विराम
राधा-कृष्ण तो सदा साथ हैं
                तट यमुना है धाम

॥ॐ॥

श्री ब्रज लीला – मुकेश छाजेड़

राधा-श्याम बसे ब्रजधाम
          यमुना तट पर होता रास
नहीं पर केवल वह ही प्रांत
          होता उनका जहाँ है वास

हृदय यदि है कोई शुद्ध
          नहीं है मन में कोई कपट
लोभ-और-लालच से जो दूर
          कैसे वह रह सके अछूत

प्रभु की बस है एक ही चाह
          मन तेरा हो सदा सरल
तब आयें प्रभु खुद ही द्वार
          कहलायें चाहे वे चोर

ॐ

माखन की मटकी गोपी ने
                रखी चढ़ाकर ऊँची
फिर भी मन में है अभिलाषा
                हो जाये घर में चोरी

लेकर ग्वाल-सखा टोली
                आयेगा वह छुपकर
करे परिश्रम वह थोड़ा और
                लें आनंद हम मिलकर

गोलकपोलों पर माखन जब
                तब हम उसको पकड़ें
और सजा होगी उसकी यह
                नाचे फिर वह संग हमारे

                ॐ

श्री ब्रज लीला – मुकेश छाजेड़

माधव से कहते यों उद्धव
        वे ग्वालिन क्या जाने सत्य
गृहकार्यों में हरदम व्यस्त
        क्या जाने तुम परमब्रह्म

क्यों रोते कर उनकी याद
        दे दो उनको थोड़ा ज्ञान
समझ जायें यदि वे तुम कौन
        छूट जायेगा उनका मोह

सोच रहे कान्हा मन में
        ज्ञानमूर्ति सब ग्वालिन ये
फिर भी नहीं बुझी थी प्यास
        इन्हें भक्ति की है बस आस

अवसर आज हुआ प्रस्तुत
        समझे उद्धव भी यह त्रास
तुम सा ज्ञानी ना ही जग में
        जा उद्धव, उन्हें दे दो ज्ञान

                ॐ

कहती गोपी, मैं हारी
    देर न कर, भर पिचकारी
चढ़ा श्याम रंग इतना गहरा
    छुड़ा सके ना, जल यमुना का

कहते कान्हा, ठहर जरा
    बाकी है अभी एक परीक्षा
बता मुझे तेरी क्या इच्छा
    दे दूँ राज्य मैं वैकुंठ का

कहती गोपी, और न ठग
    बिन तेरे बंजर वैकुंठ
चाह है मेरी बस इतनी
    अजर-अटल हो यह भक्ति

      ॐ

श्री ब्रज लीला – मुकेश छाजेड़

जब से बाँके हुए बिहारी, हुई घटनायें बड़ी अटपटी
आई असुरों की लम्बी पंक्ति, एक-एक कर हो गई मुक्ति

जिसके मन में छाई भक्ति, तड़फ रहे वे विरहाग्नि
सुधबुध भूली सभी गोपियाँ, अश्रुनीर हैं राधारानी

बाबा नन्द, जसोदा मैया, श्रीदामा और सभी सखा
आये पाठ पढ़ाने ऊधो, बह गई पर उनकी भी नैय्या

कभी हैं करते माखन चोरी, कभी हैं करते वस्त्र हरण
फोड़ कभी गोपी की मटकी, कहते पूर्ण हुआ सब ऋण

फिर आई वह रात पूर्णिमा, यमुना तट पर किया बुलावा
जब आई वे सभी गोपियाँ, पूछें आने का कारण क्या

बड़े विचित्र कार्य हैं करते, वाणी से पर मीठे-मीठे
इसीलिये कहती हैं गोपियाँ, छलिया हो तुम कृष्ण अनूठे

ॐ

गोकुल के सखा, कहते हैं सांवला
              बरसाने में कहलाता वह, काला-कलूटा
रंग चाहे हो, कैसा भी उसका
              चोर है वह, बड़ा ही पक्का

माखन और दही, यहाँ तक तो सही
              शरारत उसकी पर, बढ़ती ही गई
चुरा लिया है मन, बजा कर मुरली
              बगैर अब दर्शन के, नहीं मिलती शांति

जाते हैं भोर में, चराने गायें
              चौखट पर खड़ी हैं, गोपियाँ सारी
बेचैनी बढ़ती है, क्षण-क्षण दिनभर
              लौटेगी कब वापस, बाँसुरी की ध्वनि

ॐ

राधा के मन श्याम समाये
    राधा श्याम के मन
अलग यदि तुम समझो इनको
    है मन का यह भ्रम

जपते राधा-नाम श्याम हैं
    श्याम-नाम श्रीजी
खड़े हैं सम्मुख एक-दूजे के
    भेद नहीं फिर भी

॥ ॐ ॥

भक्ति की है गाँठ अनूठी
    जितना बांधों उतना खुलती
कहती गोपी, मैं हूँ दासी
    बंध गये श्याम, हुए अनुरागी

भक्त विदुर थे, भक्त थी शबरी
    आये प्रभु खुद द्वार स्वयं ही
करें सुदामा की अगवानी
    खड़ी लक्ष्मी, लेकर पानी

ज्ञानी-योगी ऊँचे-ऊँचे
    कहते प्रभु पर सुन हे ऊधो
नहीं कहीं है ब्रज सी प्रीति
    मन कहता मेरा, श्रीजी-श्रीजी

      ॐ

झूम रही हैं वृक्ष-लतायें
        पशु-पक्षी आनंद विभोर
देख रही हैं राह गोपियाँ
        कहाँ छिपा है वह चित्तचोर

अधरों पर उसके मुरली है
        रसमय वायु मधुर ध्वनि से
जगा रही है सबके मन में
        प्रेम-भक्ति की अद्भुत लहरें

तन-और-मन का जहाँ मेल है
        भक्ति का वहाँ प्रबल वेग है
साथ यदि पर स्वयं श्याम तो
        डूबो इसमें, बिना झिझक के

            ॐ

कहती राधा, हे गोपाल
    चली यह तुमने कैसी चाल
आई ब्रज में देने साथ
    नहीं रखी पर तुमने बात

कहते कृष्ण, हे प्राणप्रिये
    यह तो केवल भ्रम ही है
जल से शीतलता छूटे
    भार भूमि अपना भूले
अग्नि से ऊर्जा रूठे
    क्या यह भी कभी संभव है

      ॐ

कौन है राधा, कौन है कृष्ण
> एक वही बस दो हैं नाम

जिसके मन में पर संदेह
> करता है वह तर्क अनेक

कोई कहता राधा ऊँची
> श्याम बिना उनके श्रीहीन

कोई कहता बिना श्याम के
> राधा का अस्तित्व नगण्य

ऊँची-ऊँची आवाजों में
> रखते हैं अपना मत ठोस

बिन अनुभव के कैसे लेकिन
> जान पायेंगे क्या है सत्य

॥ॐ॥

कहे गोपियाँ, ओ कान्हा
    चोर यदि तू नहीं होता
कैसे हम पाती दर्शन
    नहीं टूटता तब बंधन

यदि तू बालक एक सरल
    रहता खुद के ध्यान में मस्त
मैया तो पाती आनंद
    नहीं पर हम हो पाती तृप्त

सखा भी सारे रह जाते
    तेरे दर्शन से वंचित
दुष्ट परंतु होते मुक्त
    तेरे हाथों से मर कर

कैसे तब होता पूरा
    तेरे जीवन का उद्देश्य
कर चोरी तू, मटकी फोड़
    हों हमको हरदम दर्शन

     ॐ

राधा मेरी, राधा मेरी
    रटते हरदम श्याम
श्याम-श्याम का जप है चलता
    हरदम राधा मन

यदि कहो तुम भिन्न हैं वे
    जाना नहीं सही अर्थ
राधा-श्याम तो सदा एक ही
    यही सनातन सत्य

     ॐ

कौन है राधा, कौन है कृष्ण
            यह तो है बस, मन का प्रश्न
उठो यदि तुम ऊपर उसके
            समझ सको यह गूढ़ रहस्य

ना वे आदि, ना वे अंत
            कहो एक या कहो अनंत
इस जग के कण-कण में समाया
            राधा-कृष्ण ही वह एक रूप

            ॐ

मुरली कहती मुझे बजाओ
    राधे-राधे हर क्षण गाओ
जीवन का उद्देश्य है केवल
    प्रभु भक्ति में तुम रम जाओ

मुरली के आमंत्रण से ही
    आई गोपियाँ जमुना तट पर
रुके यदि मुरली की ध्वनि तो
    फैल जाये जग में भी भ्रांति

राधा-कृष्ण किनारे यमुना
    बजा रहे हैं मुरली कान्हा
साथ ही उनके सभी गोपियाँ
    वहाँ समय भी थम है जाता

॥ॐ॥

यमुना तट पर राधा-श्याम
        साथ वहाँ मुरली की धुन
आये गोपियाँ दौड़ी-दौड़ी
        कहे कृष्ण, क्यों आई तुम

कहें गोपियाँ, तुम निर्दय
        चुरा लिया, फिर कैसा प्रश्न
होता मन यदि हाथ हमारे
        क्यों होती तब हम बेचैन

ॐ

चलते हैं जब कृष्ण धरा पर
               कहती भूमि हुई मैं धन्य
यमुना तट पर जब वह बैठें
               सफल हुआ जल कहता जीवन
वृक्ष-लताऐं बस यह चाहे
               एक बार हो जाये स्पर्श
कहे गोपियाँ, ओ कान्हा
               दूर से ही, पर दो दर्शन

आँखों में यदि सदा झलक है
               कानों में वाणी सुमधुर
कैसे फिर तुम छोड़ सकोगे
               समा गये हो जब भीतर

फिर तुम जाओ मथुरा-द्वारिका
               बनो चाहे तुम जग के राजा
मन में तुम पर सदा रहोगे
               नटखट माखन चोर कन्हैया

                    ॐ

ज्ञान-योग में सबसे ऊपर
            करें तपस्या वे घनघोर
प्रभु संग करने लीला लेकिन
            बन गईं ग्वालिन वे अनपढ़

दूध-दही और छाछ बिलोना
            गृहकार्यों में हरदम व्यस्त
जिस माखन को संजो रही वे
            उड़ा जाये उसे नंदकिशोर

बन गई उनकी यह दिनचर्या
            दर्शन अब हो नित्य प्रभु का
और यदि नहीं कान्हा आये
            करें शिकायत जाकर मैया

पूछे यदि कान्हा से मैया
            क्यों कान्हा तू चोरी करता
कहते कान्हा, ऐ री मैया
            हैं झूठी ये सभी गोपियाँ

                    ॐ

यदि प्रीत है तेरी ऐसी
    जैसे गोपी करती विनती
जहाँ रहो तुम रहो सुखी पर
    ना छीनों तुम प्रीत हमारी

अश्रुनीर से हो भू पावन
    ग्रहण करे यमुना वह अमृत
दूर खड़े है कृष्ण सोचते
    मेरी सृष्टि पर मैं वंचित

उठे भाव यदि प्रभु के मन में
    दुखों का कारण इसके मैं
आयेंगे प्रभु तेरे द्वारे
    चोर न चाहे क्यों कहलायें

      ॐ

प्रभु की लीलाओं का गान
>	इसको ही कहते हैं ध्यान
बाल-रूप में दिया प्रभु ने
>	ऐसा ही अद्भुत वरदान

कभी कहते, मैया मैं भूखा
>	कभी कहते, गोपी तू झूठ
कभी सखाओं के संग मिल कर
>	माखन चोरी की करतूत

कितनों ही को घाट उतारा
>	आये जो थे अहम में चूर
साथ-सखाओं कर गौचारण
>	समझाया क्या मानव धर्म

मटकी फोड़ी, वस्त्र चुराये
>	पीछे इनके गूढ़ रहस्य
अहंकार है जब तक मन में
>	भक्ति तब तक रहे अपूर्ण

ॐ

आये उद्धव चढ़कर रथ पर
        ग्वालनों को देने कुछ ज्ञान
समझाने बाबा-मैया को
        कृष्ण स्वयं हैं परमब्रह्म

देख यशोदा की पर हालत
        बाबा की आँखों में झाँक
समझ न पाये कौन शास्त्र में
        आता है इसका वर्णन

और ग्वालने कहती ऊधो
        लगे ध्यान यदि खाली मन
छिपा है उसमें हरदम लेकिन
        मदन-गोपाल-कृष्ण-मोहन

राधा के सम्मुख जब उद्धव
        आये देने प्रभु संदेश
हुआ अचंभा उन्हें देख तब
        स्वयं विराजे वहाँ श्रीकृष्ण

ज्ञान बाँटने आये थे पर
        प्रीतिभाव से हुऐ विभोर
लौट महल में कहें कृष्ण से
        हे कान्हा, तुम हो निष्ठुर

॥ ॐ ॥

गोपी के घर आया चोर
>   नहीं चुरावे वह कुछ और
उसकी नज़र सदा ढूँढ़े
>   दूध-दही-माखन मटके

साथ है उसके कई सखा
>   मानव - वानर का है झुंड
यदि नहीं वे खा ही पावें
>   मटकों को देते हैं फोड़

जिसके घर वे धावा बोलें
>   कर्म सारे उसके छूटे
प्रेम-भक्ति की एक लहर
>   तब उसके मन में फूटे

करती गोपी यह विनती
>   चोरी हो मेरे घर भी
जहाँ चरण पड़ते हैं उसके
>   प्रकट होती है वहीं भक्ति

॥ॐ॥

ब्रजलीला में पात्र अनेक
        कुछ लाए प्रभु अपने संग
कुछ ने पाई कृपा प्रभु की
        बिन चाहे कहीं चढ़ गया रंग

राधा-कृष्ण की सेवा करने
        आये साथ सखा और सखियाँ
जन्म-जन्म की जहाँ तपस्या
        इस जीवन में बनी गोपियाँ

भाव विरोध जहाँ था गहरा
        धरे रूप वे सब असुरों का
था जिसका मन-भाव जैसा
        रखा प्रभु ने मान भी वैसा

                ॐ

प्रीत करे पीताम्बर धारी
           कृपा करे नीलाम्बर वाली
यदि धरो इनको तुम मन में
           शुद्ध तुम्हारी होगी भक्ति

तीर्थों के तुम चरण दबाओ
           टीका सिर पर बड़ा लगाओ
अहंकार यदि मन में फिर भी
           भंवर-चक्र से कैसे मुक्ति

॥ॐ॥

मथुरा से गोकुल प्रभु आये, नहीं साथ पर बाजे-गाजे
घनी रात्रि की उस बेला में, मैया-बाबा भी रहे सोये

पूर्ण तपस्या हुई पर उनकी, क्यों फिर हो दर्शन में देरी
उन्हें जगाने किया प्रभु ने, तनिक रुदन जब प्रहर थी पहली

उठी भोर मानों यह सुनकर, शुभसन्देश प्रकाशित करने
मैया के आँचल में छिपकर, देख रहे प्रभु अपना वंदन

पहुँचे बाबा यमुना तट पर, कर स्नान करे फिर दर्शन
लूटा रहे दोनों हाथों से, हाथी-घोड़े-वस्त्र-आभूषण

गोप-गोपियाँ दौड़े आये, दही-दूध की मटकियाँ लाये
नंदभवन का आनंद ऐसा, ब्रह्मा-शिव, सब देव हर्षायें

अहोभाग्य है इस भूमि का, जहाँ प्रभु की लीला होगी
रज भी है पावन इस भू की, चरण प्रभु के वह चूमेगी

ॐ

कहती गोपी, ओ कान्हा
>   क्यों नहीं तू होता मेरा
कहते कान्हा, हे गोपी
>   मुझ बिन क्या कोई है दूजा

माखन तू रखती है ऊँचा
>   बंद है मुँह भी मटकी का
और यदि मैं कुछ माँगूँ
>   कहती पहले नाच दिखा

यदि सखा भी संग आवें
>   चोरी कर माखन खावें
करे शिकायत मैया से तू
>   नहीं पर मुझको अपनावे

यदि मुझे है पाना तुझको
>   कर तेरे-मेरे का त्याग
मैं तो हरदम साथ हूँ तेरे
>   परदा तेरी आँखों पर

॥ ॐ ॥

क्यों गोपी को ना हो गर्व
  चोरी आज हुई है घर
चोर परंतु यह ऐसा
  मन ही ले जाता है हर

मोह-माया और काम-क्रोध
  राग-द्वेष और अहंकार
मुक्त हो गया इनसे घर
  बहा गया भक्ति की लहर

हो गई दिनचर्या बर्बाद
  सुबह-शाम बस उसका ध्यान
हुआ चोर भी अब परेशान
  बंध गया वह अपने ही जाल

॥ॐ॥

यमुना तट पर हो गई संध्या
                कृष्ण वहाँ, पर लगे अधूरा
था मुरली का स्वर भी फीका
                कैसी प्रीत जब नहीं प्रिया

चुपके-चुपके उभरा चन्दा
                आई कोयल, मोर, पपीहा
कैसे हो पर शुरू रास जब
                नहीं वहाँ हो प्राण नायिका

उबल गया तब विरह बंसी का
                दहक गया तब हृदय विश्व का
नुपुरों से तब उठी ध्वनि एक
                नाच उठा उससे जग सारा

ॐ

श्याम कहें राधा से, प्यारी
             कैसी है यह फुलवारी
उभर रहा पत्ते-पत्ते से
             हर क्षण नाम तुम्हारा ही

सुन प्यारे, यों कहें प्रियाजी
             चाल है यह सारी तेरी
नहीं चाहता तू कोई आकर
             माँगे तुझसे वर भक्ति

॥ॐ॥

छिपकर आँचल में मैया के
    आँख-मिचौली खेलें खेल
बजा रहे हैं बाबा ताली
    ठुमके थर-थर नन्द किशोर

सखा भी खाते इन हाथों से
    दही-भात और पूड़ी-खीर
देख रही है राह गोपियाँ
    कब आयेगा वह चित्तचोर

गली-गली में ब्रज में छाया
    एक रंग बस चारों ओर
श्यामवर्ण ने रंगा सभी को
    श्यामा भी है भावविभोर

॥ॐ॥

यमुना तट प्रभु करते लीला
    साथ सखा और साथ गोपियाँ
कई असुरों का नाश किया पर
    प्रमुख थी सब में, प्रेम की महिमा

चाहे फोड़ी मटकी उनकी
    चाहे किया हो वस्त्र हरण
था उद्देश्य परंतु सब में
    हो इनके कर्मों का अंत

मिट जायें इच्छाऐं सारी
    धुल जाये सारा अहंकार
यदि आवरण ही हट जाये
    बहे वहाँ भक्ति की धार

॥ॐ॥

भोर हुई और उठे कन्हाई
                गौचारण की प्रहर है आई
गायें, बछड़े, साथ सखा सब
                करें वृक्ष भी अब अगुआई

श्याम-राम के संग चलें सब
                मधुर ध्वनि उमड़े बंसी से
खड़ी मार्ग में सभी गोपियाँ
                बरसायें वे फूल प्रेम के

चाह यही बस हर गोपी की
                मिल जायें वे नैन क्षणिक ही
समा उन्हें हम अपने उर में
                जी लेंगी संध्या आने तक

                          ॐ

समय मिलन का, नहीं प्रिया पर
    प्रियतम का मन है बेचैन
उभर गयी मुरली की वाणी
    विरह की पीड़ा से उद्विग्न

सुन मुरली की धुन से हो गया
    मान प्रिया का सारा भंग
धिरक उठे पायल मतवाले
    करने प्रियतम का मन शांत

अब वे सम्मुख एक-दूजे के
    मुरली-पायल का क्या काम
शब्दों की अब नहीं आवश्यकता
    नैत्रों से बरसे आनंद

      ॐ

धूल उड़ रही गौ के खुर से
                ईर्द-गिर्द बछड़े भी दौड़े
सखा साथ में नाच रहे हैं
                कान्हा की मुरली को सुनकर

गूँज रही यह ध्वनि गगन में
                उठी हिचक गोपी के मन में
डूबी थी जिसके चिंतन में
                लौट रहा वह दर्शन देने

नहीं प्रियतम के सम्मुख होंगी
                छिपकर ही उसको देखेंगी
दिनभर की है कड़ी तपस्या
                वे भी जाने, क्या है पीड़ा

॥ॐ॥

श्री ब्रज लीला – मुकेश छाजेड़

प्रेम की सरिता, यमुना पावन
        प्रेम की भूमि, ब्रज-वृंदावन
प्रेम के साथी, गोप-गोपियाँ
        प्रेम के नायक, कृष्ण और राधा

होते खेल प्रेम के प्रतिदिन
        कुसुम सरोवर, राधा कुण्ड
यमुना तट पर बंसी की धुन
        या हो वह फिर गह्वर वन

गौचारण का दृष्य अनोखा
        ब्रजरज से प्रभु वंदन होता
गायें-बछड़े, साथ सखा सब
        मुरली धुन मोहे मन सबका

धुल जाये जब मल सब मन का
        प्रभु भक्ति से पूर्ण भावना
कहे कृष्ण से तब ही राधिका
        यही समय है पूर्णमासी का

प्रेम की सरिता, यमुना पावन
        प्रेम के नायक, श्यामा-श्याम

॥ॐ॥

मैया कहती सुन कान्हा
    मत तू जाकर चोरी कर
माखन-दूध-दही अपने घर
    बस तू यह ही सेवन कर

होगा यह अपराध बड़ा
    कहते मैया से कान्हा
होगा दुख सब गोपिन को
    जन्म-जन्म की अभिलाषा

जो जितना रखता है बाँध
    बंधन भी उतना ही प्रगाढ़
फोड़ के मटकी, चुरा के माखन
    खोल रहा मैं उसकी गाँठ

बंधन एक वही उत्तम
    बाँधा है जो मेरे संग
रोज-रोज की चोरी से
    बस जाऊँगा इनके मन

      ॐ

उस दरिया को करो प्रणाम
                जल में जिसके खेले श्याम
उस भूमि को करो प्रणाम
                जिसको छू गये श्यामा-श्याम
उन वृक्षों को करो प्रणाम
                तले जहाँ पाया विश्राम
उन फूलों को करो प्रणाम
                हुये समर्पित जो घनश्याम

यदि कहो नहीं अब वह काल
                बीत गई सदियाँ मध्यस्थ
नहीं जानते समय की चाल
                नहीं जानते कौन हैं श्याम

॥ ॐ ॥

नन्हें-नन्हें हाथ में माखन
		घुटने-घुटने पाँव
मैया से छुप-छुप कर लेते
		जीवन का आनंद

नहीं छिपायें कैसे फिर वे
		कहलायेंगे मानव
कैसे फिर वे कर पायेंगे
		अपनी लीला पूर्ण

			ॐ

किसको तुम कहते हो श्याम
              और है राधा किसका नाम
श्याम और राधा, राधा-श्याम
              एक तत्व, अगणित अनुमान

यदि आँख से देख रहे हो
              बुद्धि से करते पहचान
थाह नहीं तुम पाओ इसकी
              भ्रमित रहे सारा ब्रह्मांड

तत्व एक पर रूप अनेक
              है विस्तृत पर रहता सूक्ष्म
यदि जानना है उसको
              उतर जाओ खुद के भीतर

                        ॥ॐ॥

श्री ब्रज लीला – मुकेश छाजेड़

राम जन्म में मर्यादा
          कृष्ण जन्म में मनमाना
रूप धरे कुछ नये-नये
          कभी वामन तो कभी वराह

हर जीवन का लक्ष्य था एक
          कृष्ण जन्म पर रहा अनोखा
ज्ञान, योग और कर्म की शिक्षा
          भक्ति का ऊँचा पर पलड़ा

आई यमुना, आई राधा
          और साथ में सभी सखा
जन्म ये था सुख देने का
          गोपियाँ, बाबा और मैया

उत्तम वह अवसर होगा
          रूप रहे जब तक छोटा
जान न कोई पायेगा
          हैं ये सृष्टि के दाता

नंगे पाँव चले धरती पर
          मुरली से मन मोह लिया
वृंदावन में आज भी है
          भक्ति की ऊँची महिमा

॥ॐ॥

कन्हैया की बंसी से, गूँज रहा वृंदावन
             गोपियाँ और गायें, नाच रहीं मन-ही-मन
हो चाहे घर में, या टहले वो वन में
             भक्ति की लहरों से, हो गई हैं पावन

मन में उनके, है बस एक भावना
             हमारे हर कार्य से, हो सुखी कन्हैया
जो भी है हमारा, है उसको ही समर्पित
             हो सदा उसके दर्शन, यही एक इच्छा

                    ॐ

कुपित इन्द्र, बरसाया पानी
>	हुये हताहत ब्रज के वासी
कहा कृष्ण ने करेंगे रक्षा
>	आज जिन्हें है हमनें पूजा

गोप-गोपियाँ, पशु-और-पक्षी
>	आये तब गोवर्धन तलहटी
कर प्रणाम, कहा कान्हा ने
>	हे गिरिराज, विराजो उँगली

आसन उँगली पर स्वीकारा
>	ब्रजवासियों का कष्ट निवारा
सात दिवस और सात ही रात्रि
>	नहीं पर कोई भय से हारा

हुआ इन्द्र तब स्वयं ही लज्जित
>	क्षमा करें, यह था मेरा भ्रम
गया जान मैं कौन आप हैं
>	सत्ता आपकी, मैं तो सेवक

॥ॐ॥

जहाँ श्याम हैं वहीं राधा है
        जहाँ राधा वहाँ श्याम
चाहे द्वारिका, चाहे मथुरा
        बस नैत्रों का भ्रम

हुये एक से दो वे जब से
        रहते हरदम साथ
रणभूमि या यमुना तट हो
        बजे वेणु दिन-रात

॥ॐ॥

श्री ब्रज लीला – मुकेश छाजेड़

गली-गली में धावा बोलें
                    माखन घर-घर वही चुरावें
सखा संग फिर वन में जाकर
                    ब्रह्मा को भी पाठ पढ़ावें

कभी पूतना, कभी बकासुर
                    कभी धेनुक और केशी आवें
एक-एक कर सबकी मुक्ति
                    अपने हाथों सखा खिलावें

मधुर ध्वनि मुरली की गूँजें
                    गायें-बछड़े चलें साथ में
खड़ी द्वार पर सभी गोपियाँ
                    पाने दर्शन प्राणनाथ के

इंतजार में मैया बैठी
                    थककर आयो गोद बिठाऊँ
मिटा रहे जो भूख ही जग की
                    कहते, मैया मैं भूखा हूँ

ॐ

श्री ब्रज लीला – मुकेश छाजेड़

जब माया से कहा प्रभु ने
          ऐसा कोई काम करो
भक्तों की भक्ति में वृद्धि
          दुष्टों का कुछ नाश भी हो

तब माया ने कहा प्रभु से
          मेरी भी एक विनती सुनो
लें अवतार आप भी तब तो
          लीला का आनंद कुछ हो

कहा प्रभु ने, ऐसा ही हो
          आयेंगे हम ब्रज के मध्य
गौचारण और माखन चोरी
          रास रचायें यमुना तट

॥ॐ॥

श्री ब्रज लीला – मुकेश छाजेड़

माखन मोहन माँग रहा
                कहती मैया ना-ना-ना
पहले भोग लगे प्रभु को
                तब प्रसाद फिर तू पाना

सोच रहे मन-ही-मन कान्हा
                मूर्ति का इतना आदर
पर नहीं राज बता सकते
                पूरा करना अभी वचन

                     ☙ॐ❧

श्री ब्रज लीला – मुकेश छाजेड़

यमुना तट पर रास रचाया
    हूँ मैं सबका, कहते कान्हा
मथुरा से जब आया बुलावा
    निकल पड़े, कह वापस आया

बीते दिन और बीतीं रातें
    बीत गये कितने पखवाड़े
राह देखती रही गोपियाँ
    संदेसा ले उद्धव आये

कहे, कृष्ण तो पूर्ण ब्रह्म हैं
    कैसे वे बंधते बंधन में
करो न अब तुम बात प्रेम की
    ध्यान धरो अपने अंतर में

कहें गोपियाँ, ऊधो ज्ञानी
    मन में तेरे बड़ी चतुराई
जिसे देखती हम कण-कण में
    कहते तुम वह बस एक भ्रम है

कहना जाकर उस छलिया से
    झूठा है वह यह हम जाने
भूल जाये वह चाहे हम को
    प्रेम हमारा पर जीवन है

      ॥ॐ॥

जहाँ कृष्ण वहाँ सब ही पावन
  गोपी-गैया और गोवर्धन
तट यमुना का या कोई वन
  साथ हो राधा, वेणु का स्वर

शुभ-या-अशुभ और लाभ-या-हानि
  है महत्व जहाँ कृष्ण नहीं
राधा-कृष्ण हैं जहाँ विराजे
  वहाँ विषमता कभी नहीं

ॐ

श्री ब्रज लीला – मुकेश छाजेड़

श्याम रंग से श्याम रंगें
    रंग बाकी सब फीके
धवल बूँद यदि और गिरे तो
    आनंद क्या उससे बढ़कर

बहता वह यमुना तीरे
    खाओ गोता तुम उसमें
यदि रहो तुम पर सूखे
    खोट कहीं है तब मन में

      ॐ

प्रभु ही माखन, प्रभु ही मटकी
    प्रभु ही बन गये लकड़ी
प्रभु ही भागे आगे-आगे
    पीछे भी हैं प्रभु ही

वृक्ष-लतायें-फूल और पत्ते
    प्रभु यमुना का पानी
प्रभु ही गोपी, प्रभु ही ग्वाले
    प्रभु ही राधारानी

प्रभु ही वन हैं, प्रभु हरियाली
    प्रभु ही ब्रज की भूमि
प्रभु की माया, प्रभु की छाया
    सीखा रही है भक्ति

ॐ

यमुना तीरे मुरली बाजे
            करे गोपियाँ रास
साथ है कान्हा, साथ है राधा
            अब ना कोई आस

हर गोपी संग कान्हा नाचे
            और क्या बाकी चाह
स्वयं पधारे शिवशंभू भी
            धर गोपी का भेस

॥ॐ॥

खाई मिट्टी पर बोले वे
                नहीं मैंने है खाई
खोल मुँह, ब्रह्मा की सृष्टि
                मैया को दिखलाई

खाया माखन फिर कहते हैं
                नहीं मैंने है खाया
लगा है मुँह पर, देखे मैया
                नटखट है यह लाला

झूठ-और-सच भी यहाँ हो रहे
                क्षण-क्षण में परास्त
जहाँ प्रभु ही स्वयं विराजें
                कैसे हो वहाँ द्वैत

                ॐ

कुपित इन्द्र बरसाते पानी
                ब्रह्मा भी करते हैं चोरी
भ्रम में सारे असुर भी उलझे
                जाने सब पर ब्रज की गोपी

बाल रूप में करते हैं सब
                खाते जूठा, गाय चराते
खेलें खेल सखाओं के संग
                जाने सब पर ब्रज की गोपी

मटकी फोड़े, वस्त्र चरावे
                मधुर-मधुर वे बंसी बजावे
अनजाने ही मंत्रमुग्ध सब
                जाने सब पर ब्रज की गोपी

रंग है गाढ़ा, चढ़े ना कोई
                उसके आगे पर सब नाचे
लोग कहे वह नन्द का छोरा
                जाने सब पर ब्रज की गोपी

ॐ

बंसी की धुन, करती मोहित
        गोप-सखा और यमुना का जल
वृक्ष-लतायें साथ ही नाचें
        पूर्ण चंद्रमा भी हो स्थिर

बरसे रस वायु से कण-कण
        करें गोपियाँ नृत्य कृष्ण संग
तरस रहे हैं देवी-देवता
        आये शिव भी लेने आनंद

अग्नि-इन्द्र-वरुण हैं कहते
        ऐसा सुख है नहीं स्वर्ग में
आज तरसते, भीख माँगते
        जन्म हमें दो, ब्रज की रज में

                ॐ

माखन तो था एक बहाना
    भक्ति की यह अद्भुत लीला
प्रभु चोर और भक्त सयाना
    भक्ति का यह खेल निराला

योगी करता ध्यान प्रभु का
    ज्ञानी का आधार है व्याख्या
बहा रहा कर्मठ है पसीना
    कहता भक्त, तू चोरी कर जा

योगी, ज्ञानी, कर्मठ पाते
    कभी-कभी ही प्रभु का दर्शन
भक्त खेलते खेल प्रभु संग
    और रास का पाते आनंद

      ॐ

भक्ति दौड़े प्रभु के पीछे
        लेकर हाथ में डंडा
कहें प्रभु यह कैसा स्वागत
        कैसा मान और पूजा

कहती भक्ति, की शैतानी
        चोरी की और फोड़ी मटकी
कहते प्रभु, थी इच्छा तेरी
        मेरी है क्या, इसमें गलती

        ॐ

जब कान्हा ने बंसी बजाई
दौड़ी-दौड़ी गोपियाँ आई
करते कान्हा तनिक मसखरी
मध्यरात्रि, तुम्हें लाज न आई

कहें गोपियाँ, प्राणनिधान
हो तन पर किसी का अधिकार
मन के तो तुम एक आधार
बिना तुम्हारे जीवन व्यर्थ

यदि नहीं तुम अपनाओ
प्राण अभी फिर तुम हर लो
यह शरीर तो है साधन
साध्य तुम्ही, कुछ दया करो

ॐ

चुरा के माखन, फोड़ के मटकी
            कहते कान्हा, नहीं अपराधी
तूने की थी विनती ऐसी
            बन गई यह मेरी मजबूरी

यह इच्छा थी तेरे मन में
            आयें प्रभु कभी मेरे घर भी
गगरी आज है भरी प्रीत की
            और नहीं है स्वार्थ तनिक भी

नहीं माँग कोई, नहीं लालसा
            नहीं मान और धन की इच्छा
है तेरे मन एक भावना
            सदा सुखी रहे, मेरो लाला

                        ॐ

संग सखा और आगे कान्हा
          देख रही हैं राह गोपियाँ
सबके मन में एक ही इच्छा
          आज हो मेरे घर पर धावा

द्वार नहीं है बंद घरों का
          लटक रहा है माखन-मटका
कहता वह भी सुंदर अवसर
          आकर भोग लगा तू कान्हा

चोर परंतु बड़ा सयाना
          कहता यह माखन है खट्टा
नहीं अभी है अवसर आया
          करो जरा कुछ और बिलोना

          ॐ

मोर मुकुट है जिसके सिर पर
    है अधरों पर बंसी
पीताम्बर धारण कर भी जो
    करता घर-घर चोरी

डाँट रही है मैया जिसको
    नाच नचाती है गोपी
गाय चराने जावे वन को
    साथ सखाओं की टोली

वृंदावन की गलियों में
    घूम रहा वह नंगे पाँव
ऐसे ही उस दिव्यपुरुष का
    करो स्मरण तुम दिन-रात

      ॐ

कहते सखा, अरे ओ कान्हा
                आज हमें है माखन खाना
सोचे कान्हा, किसकी होगी
                जन्म-जन्म की सफल तपस्या

हैं दरवाजे सभी खुले पर
                झाँक रहे हैं कान्हा भीतर
यदि अहम है, यदि मान है
                नहीं माखन वह खाने लायक

ढूँढ़ रहे हैं वे शबरी को
                खाये थे वहाँ फल कभी मीठे
अबकी बार परंतु खेले
                संग वे उनके खेल रंगीले

ॐ

हाथ सने हैं माखन से
            होंठों पर भी चिपक रहा
नहीं करी है मैंने चोरी
            कहते हैं फिर भी कान्हा

हँस कर मैया कहती लाला
            क्यों तू बोल रहा है झूठ
सोचे कान्हा, है बड़ी दुविधा
            सत्य बड़ा ही है अद्भुत

करूँ उजागर यदि रहस्य तो
            होंगें खंडित मेरे शब्द
उचित यही कि करूँ बहाना
            समझे, हूँ मैं नटखट पुत्र

॥ॐ॥

जिनके अधरों पर है मुरली
        मोर पंख है माथे पर
पीताम्बर जिनके कंधों पर
        वे ही जग के हैं कारण

बाल सुलभ जिनकी लीलायें
        दुष्टों के पर नाशक हैं
होकर भी इस जग के स्वामी
        चोर भी वे कहलाते हैं

क्या रस्सी में है यह ताकत
        बाँध ले उनको बंधन में
यदि समर्पण भाव है मन में
        खुद-ही-खुद बंध जाते हैं

जहाँ चुराते हैं वे माखन
        मन भी साथ चुराते हैं
यदि चरण रज उनकी छू लो
        बंधन सारे खुल जाते हैं

                ॐ

हाथों में है जिसके मुरली
    वह तो बाँट रहा था मुक्ति
नहीं चाह पर यह गोपी की
    कहती वह बस दे दे भक्ति

मुक्ति तो है दरिया सूखा
    या कोई वह पर्वत ऊँचा
नहीं वहाँ है सुर मुरली का
    दुर्लभ है वहाँ दर्शन उसका

तट यमुना पर फोड़े मटकी
    घर-घर जाकर करता चोरी
कहती गोपी जन्म वहीं हो
    जहाँ गली-गली में मूरत उसकी

      ॐ

नहीं कान्हा यदि करते चोरी
कैसे इच्छा होती पूरी
करे शिकायत गोपियाँ सारी
है लेकिन यह बात अधूरी

द्वार खुले हैं घर के सारे
रखी है सम्मुख माखन मटकी
छुप-छुप कर सब करें आस यह
होगी कब मेरे घर चोरी

यदि नहीं कान्हा घर आता
रहती मन में एक उदासी
फूटी मटकी भी कहती है
पूर्ण हुई अब इच्छा मेरी

॥ॐ॥

गोपी कहती, रे कान्हा
    आ जा, आ जा, आ जा
सूना घर और माखन मटकी
    अब तो भोग लगा जा
        आ जा, आ जा, आ जा

जन्म-जन्म से ढूँढ़ रही हूँ
    कितनी की है तपस्या
वचन दिया था तूने पहले
    समय हुआ अब पूरा
        आ जा, आ जा, आ जा

संग सखा और हाथ में मुरली
    आओ लेकर अपनी टोली
नहीं करूँगी कभी शिकायत
    बस इतनी ही मेरी विनती
        गोपी कहती, रे कान्हा
            आ जा, आ जा, आ जा

॥ ॐ ॥

मुरलीधर की सुनकर मुरली
          दौड़ी-दौड़ी आईं गोपियाँ
कहते मुरलीधर पर उनसे
          क्यों तुमने यह कष्ट उठाया

मैं तो यूँ ही वृक्ष तले यहाँ
          दृश्य मनोरम देख रहा था
आकर तुमने इस अवसर पर
          खलल अचानक ही कर डाला

कहें गोपियाँ, सुन ओ कान्हा
          तेरी बंसी में है जादू
नहीं चाहता हम ही आयें
          अधरों से इसे ना फिर तू छू

                    ॐ

आये उद्धव ले संदेश
						नहीं बहाओ तुम आँसू
जिन्हें मानती हो तुम प्रियतम
						है वह तो जग का स्वामी

नहीं कृष्ण मथुरा में बसते
						नहीं वे गोकुल के वासी
कृष्ण एक हैं धूरी ऐसी
						प्रकृति जिनकी है दासी

ब्रह्मा की इस सृष्टि के
						वे ही सच्चे निर्माता
उन्हें सदा तुम पाओगी यदि
						साँस जरा ऊपर को चढ़ा

बंद आँख कर, पीठ साध कर
						ध्यान लगा होकर एकाग्र
पाओगी तुम दर्शन उनका
						अपने ही तुम तब भीतर

हँसे गोपियाँ, ऐ ऊधो तू
						करता बात अबूझी है
खड़ा जो सम्मुख उसे देखने
						बंद आँख क्या उचित भी है?

॥ॐ॥

तुम ही केशव, तुम ही माधव, तुम ही हो गिरधारी
तुम नारायण, तुम मधुसूदन, तुम ही बाँके-बिहारी
तुम रणछोड़, जगन्नाथ तुम, तुम लक्ष्मी के स्वामी
सबके मन में तुम बसते हो, तुम्हरे राधारानी

ॐ

मोर-मुकुट-पीताम्बर धारी
            अधरों पर जहाँ सदा बाँसुरी
कहते वे यदि पाना मुक्ति
            करो भक्ति तुम राधारानी

यदि कृपा हो जाये उनकी
            मिट जाये चिंता तब सारी
करो यदि तुम सेवा उनकी
            होगी मुझको भी तब तृप्ति

            ॐ

खेले संग सखा के कान्हा
                वन में जायें, गाय चरावें
हाथों में है माखन-चटनी
                उन्हें खिलावें, खुद भी खावें

बैठी घर में कहे गोपियाँ
                क्यों अवसर नहीं हम भी पावें
करते कान्हा पूरी इच्छा
                माखन चोर ना क्यों कहलावें

परेशान तब चले गोपियाँ
                करें शिकायत जाकर मैया
भोले बनकर कहते कान्हा
                मैया, झूठी सारी गोपियाँ

                      ॐ

श्याम खड़े हों वट के नीचे
    अधरों पर मुरली भी उनके
सुरध्वनी उससे जो फिर उभरे
    हृदयों को वह द्रवित करे

कहें गोपियाँ, हे कान्हा तुम
    असमय क्यों करते यह खेल
जगतपिता होकर भी क्यों तुम
    हमें रुलाते आठों प्रहर

        ॐ

श्री ब्रज लीला – मुकेश छाजेड़

आज खिन्न है ब्रज की रानी
        कह गये कान्हा बात ही ऐसी
नहीं आज आई वे तट पर
        नहीं बोलती आज बाँसुरी

जल यमुना का भी है चिंतित
        शोकग्रस्त हैं वृक्ष-लतायें
नहीं आज कोई कली खिली है
        न ही वायु में मंद हँसी है

सोचे कान्हा क्या उपाय अब
        कैसे उनको करें प्रसन्न
धारण कर वे छद्म भेस में
        आये ब्रज रानी के द्वार

देते ताना, यह बरसाना
        भूख-प्यास से हाल-बेहाल
कैसा है यह नगर तुम्हारा
        जाना पड़े मुझे खाली हाथ

जान गई तब ब्रज की रानी
        आया कौन है मेरे द्वार
कहा उसे तुम आओ भीतर
        मिले मुझे भी कुछ राहत

ॐ

श्रीकृष्ण करें, श्रीकृष्ण करें
श्रीकृष्ण करें यदि क्षमा तुझे
क्या उठेंगी भीतर तेरे
प्रेम-भक्ति की वे लहरें

ले जायेंगी जो तुझको
तट यमुना पर ब्रजभूमि में
जहाँ बैठी हैं एक वृक्ष तले
स्वामिनीजी संग सखियों के

सेवक क्या तुम बन पाओगे
शीश वहाँ क्या झुकाओगे
हो चरणों की रज मस्तक पर
या अहम-ज़हर फैलाओगे

इससे पहले कि कहो, प्रभु
करो क्षमा मुझे, करो क्षमा मुझे
जो मैल भरा भीतर उर में
क्या उसे कुछ कम कर पाओगे

श्रीकृष्ण करें यदि क्षमा तुझे
क्या उठेंगी भीतर तेरे
प्रेम-भक्ति की वे लहरें

ॐ

आये थे प्रभु इस जग में
                करने धर्म की रक्षा
बिना प्रेम-भक्ति के लेकिन
                कैसे यह संभव था

ब्रज में आकर प्रभु ने पहले
                समझाया क्या प्रेम
ग्वाल-सखाओं के संग मिलकर
                खेले कितने खेल

गौचारण और माखन चोरी
                और चुराये वस्त्र
था इन सबके पीछे लेकिन
                बस एक ही संदेश

सब जीवों में मैं ही समाया
                ना करना तुम द्वेष
यदि हृदय है पावन तो फिर
                पाओगे आनंद

॥ॐ॥

सखा साथ और आये कान्हा
    माखन चोरी एक बहाना
        जन्म-जन्म की सफल तपस्या

हर गोपी की भक्ति ने
    बाँध लिया है प्रभु को भी
        आये हैं प्रभु उसे ले जाने

कदम पड़े यदि घर एक बार
    सुन ली प्रभु ने उसकी पुकार
        हो गई पूरी उसकी प्यास

भवसागर से उठकर उसका
    हो अब वृंदावन में वास
        यही प्रभु का आशीर्वाद

॥ॐ॥

श्री ब्रज लीला – मुकेश छाजेड़

कुपित इन्द्र देते हैं आज्ञा
        मूसलाधार करो अब वर्षा
गोपों ने की है आज अवज्ञा
        उचित दंड उन्हें होगा देना

घबराये तब सब ब्रजवासी
        आये नन्दबाबा के द्वार
रखो धीरज, कहते कान्हा
        गिरिराज ही तारणहार

आसन ग्रहीत हुआ गोवर्धन
        कान्हा की छोटी उँगली पर
पाया संरक्षण तब सबने
        नर-नारी-गैया और बछड़े

मूसलाधार हुई तब बारिश
        सात दिवस और सात ही रात
जान गया तब इन्द्र स्वयं भी
        कृष्ण नहीं बालक साधारण

घोर अपराध किया था उसने
        आया अब वह क्षमा माँगने
आगे-आगे कामधेनु और
        पीछे-पीछे इन्द्र चले

                ॐ

तजकर के यदि साथ हमारा
		सोचे कान्हा मुक्त हुआ
कहता हूँ मैं, सुन ओ कान्हा
		लगता तू कुछ भूल रहा

तेरे कारण है यह सृष्टि
		सूरज, चाँद, सितारें हैं
है अस्तित्व मेरा भी जग में
		तेरी ही अभिलाषा से

तेरी इच्छा, तेरी शक्ति
		चलती है इससे ही सृष्टि
कहता तू मैं भटक गया हूँ
		मैं तो पर हूँ, एक कठपुतली

कभी छोड़कर, कभी खींच कर
		नचा रहा तू हरदम मुझको
कैसे फिर तू कह सकता है
		भूल गया हूँ मैं ही तुझको

		ॐ

मुँह लथपथ है माखन से
            फिर भी कहते, नहीं खाया मैंने
खड़ा यहाँ करने रखवाली
            की पर माखन ने शैतानी

कहता यह कुछ आ नजदीक
            देख मैं हूँ मटके में बंद
दे मुझको कुछ खुली हवा
            झट से बोल दिया धावा

अब यह बैठा है चुपचाप
            जैसे नहीं कोई इसका दोष
मैया है यह बड़ा चतुर
            नहीं मानना इसकी बात

                  ॥ॐ॥

देख रहे चन्दा को लाला
				सोच रहे सुंदर है खिलौना
करते जिद, कहते मैया से
				साथ मुझे अब इसके खेलना

कहती मैया, दूर है चन्दा
				नहीं आयेगा यदि बुलाया
उसके संग ही मैं खेलूँगा
				बार-बार पर कहते कान्हा

लाई मैया तब एक थाली
				डाला उसमें लोटा पानी
कहे लाला से, देख वह आया
				पकड़े लाला, भर किलकारी

॥ॐ॥

श्री ब्रज लीला – मुकेश छाजेड़

केशव के कंधों पर बोझ
              कहते कान्हा यह एक खेल
माधव देते ज्ञान का पाठ
              कान्हा बन गये माखन चोर
रणभूमि में काल स्वयं हैं
              ध्वनि वेणु की गूँजे ब्रज में
लक्ष्मी के संग राजभवन में
              राधा संग यमुना के तट पर

हे मधुसूदन, अर्जुन कहता
              अरे कन्हैया, कहे सुदामा
भीष्म कहें, तुम जग के स्वामी
              कहती गोपी, नन्द का छोरा

॥ॐ॥

गोवर्धन की जब हुई पूजा
> हो गया इन्द्र कुपित
कहा वरुण से, जाकर कर दो
> ब्रज को तहस-नहस

मूसलाधार हुई तब वर्षा
> ब्रजवासी भयभीत
कहा प्रभु ने गिरिराज ही
> देवेंगे अब आश्रय

उँगली पर तब हुये प्रतिष्ठित
> गिरिराज अतिशीघ्र
नर-नारी, पशु-पक्षी सब ही
> करते प्रभु का दर्शन

कहती मैया, बोझ बड़ा है
> थक जायेगा लाला
सम्मुख पर जब बैठी शक्ति
> क्या कारण चिंता का

बीत गये यूँ सात दिवस और
> बीती सात ही रातें
जान गया तब इन्द्र कौन है
> वृंदावन का कान्हा

॥ॐ॥

अरी गोपियों, कहते श्याम
>   क्यों आई, छोड़ सब काम
समय नहीं यह उचित अभी
>   मध्य रात्रि यूँ भटको वन

कहें गोपियाँ, ओ कान्हा
>   क्यों छेड़ी तूने मुरली धुन
तन के मालिक हो कोई
>   संग तेरे पर सदा ही मन

मध्य रात्रि या हो मध्याह्न
>   हो वह भोर या हो वह साँझ
तेरे दर्शन, तेरी वाणी
>   ये ही जीवन के आधार

॥ॐ॥

तट यमुना पर रास रचाया
     श्याम भी हैं और साथ गोपियाँ
स्वर मुरली का फिर भी फीका
     सूना-सूना जल यमुना का

कहा श्याम ने तब मुरली से
     क्यों है तुझमें आज उदासी
कहती मुरली, करें क्षमा प्रभु
     अभी नहीं हैं यहाँ स्वामिनी

       ॐ

श्री ब्रज लीला – मुकेश छाजेड़

बिना जन्म के जन्म है जिसका, बिन मृत्यु के मौत
लीला करने आये जग में, हो भक्ति भी पुष्ट

जन्म हुआ कारागृह में पर, नंदभवन में पालन
मैया-बाबा के हाथों से, गृहण करें वे माखन

भार उठाने धरती से फिर, किया असुरों का आकर्षण
एक-एक कर उन्हें गिराया, पर वे हो गये मुक्त

दिया साथ-ही-साथ उन्होंने, गोवर्धन को मान
भ्रमित इन्द्र भी जान गया तब, कौन हैं जग के नाथ

भक्ति का फिर मान बढ़ाने, दिया मुरली ने आह्वान
यमुना तट पर रचा उस समय, अद्भुत एक प्रसंग

हर गोपी तब भूली खुद को, भस्म हुए सब कर्म
हुई भक्ति भी पूर्ण वहाँ और, हर धड़कन में कृष्ण

ॐ

मुँह में माखन, हाथ में बंसी
    गायों के संग, चले बिहारी
सखा साथ, चौखट पर गोपी
    यह प्रतिमा गोविंद की न्यारी

यदि सदा ये रहे ध्यान में
    कार्य करो दुनियादारी के
फिर भी प्रभु की माया से
    नहीं कभी दूषित ही होंगे

      ॐ

आये उद्धव समझाने
                कृष्ण नहीं हैं पुत्र तुम्हारे
वे तो हैं इस जग के स्वामी
                नहीं वे साधारण प्राणी

हे उद्धव, तुम तो हो ज्ञानी
                रोते हैं क्या प्रभु कभी
और यदि जग के वे स्वामी
                क्यों फिर करते वे चोरी

गौचारण क्यों जाते वे फिर
                बालसखा क्यों करते खेल
और यशोदा से क्यों कहते
                दे मैया मुझको माखन

यदि कृष्ण हैं जगतपिता तो
                कहाँ हाथ हैं उनके चार
यदि सत्य का वह आधार
                झूठ क्यों बोले बारम्बार

॥ॐ॥

कहते श्याम, किया बदनाम
    अरी गोपियों, तुम चालाक
तुम्हीं बुलाती, कहती आओ
    करो शोर फिर, है यह चोर

कहे गोपियाँ, सुन ओ कान्हा
    खोटी तो है तेरी नज़र
हमें बनाया, भटकाया भी
    अब करते हो कर्ज वसूल

नहीं छोड़ते माया-जल में
    जाल में कैसे फँसती हम
जल भी तुम, तुम ही मछुआरे
    भीतर-भीतर रचो षड़यंत्र

यदि सोचते हो हम दोषी
    कर दो फिर तुम हमको मुक्त
देखेंगे फिर कैसे जग में
    कोई जानेगा कि कौन है कृष्ण

       ॥ॐ॥

श्री ब्रज लीला – मुकेश छाजेड़

कृष्ण जन्म में कृपा प्रभु की
                थी अनुपम-अद्भुत
नंदभवन में आये कितने
                राक्षस और असुर

आई पूतना, आया तृणावर्त
                शकटासुर-कागासुर
घुटनों के बल चल न सके पर
                किया उनका उद्धार

बालावस्था में जब पहुँचे
                गये करने गौचारण
बका-अघा-केशी को तारा
                किया कालिया मर्दन

अस्त्र-शस्त्र नहीं हाथ उठाया
                बस वेणु का वादन
घर-घर जाकर और चुराया
                दही-माखन और मन

॥ॐ॥

कहे गोपियाँ, सुन ओ कान्हा
                 हैं झूठे सब तेरे वादे
कहा था हमसे, आऊँ वापस
                 बीत गये पर वर्ष हैं कितने

कहते कान्हा, सुनों गोपियों
                 नहीं सत्य यह बात तुम्हारी
चाहे मथुरा, चाहे द्वारिका
                 मन में मेरे तुम ही छाई

और यदि तुम झाँको भीतर
                 अपने ही उर के अंतर में
नहीं वहाँ है और कोई, बस
                 पाओगी मुझको रग-रग में

                         ॐ

गोपी कहती, कान्हा चोर
        कहते कान्हा, गोपी झूठ
सही हैं दोनों, पर यह खेल
        गोपी-कान्हा में क्या भेद

पर्दा करता खड़ी दरार
        उलझा उसमें जग-संसार
समझ गया है जो यह राज
        जाने वह माया की चाल

॥ॐ॥

माखन-मिश्री-मन का स्वाद
                मोहन ही जाने यह बात
कहते हम ये भिन्न-भिन्न
                कहें प्रभु बस यह ही भ्रम

यदि द्वैत का टूटे चक्र
                एक सभी में हो प्रत्यक्ष
जन्म-मरण का हो तब अंत
                मुक्ति भी तब है बस खेल

                        ॐ

खाकर जिसने मिट्टी मुँह में
           दिखा दिया ब्रह्मांड स्वरूप
वही आज बंधते ओखल से
           दिखलाने माया की जीत

जो हैं इस जग के भी कारण
           करते सबका पालन-पोषण
वही कहे मैया से जाकर
           भूख लगी, दे मुझको माखन

जिसके एक कटाक्ष मात्र से
           बिखर जाये सारा ब्रह्मांड
वे ही भय से भाग रहे
           देख छड़ी मैया के हाथ

जिनकी एक झलक पाने को
           वर्षों करते ऋषि-मुनि ध्यान
राह रोककर वे गोपी से
           कहते, दे मुझको माखन

                     ॐ

श्री ब्रज लीला – मुकेश छाजेड़

महारास का किया आह्वान
          भर मुरली में प्राण
दौड़ी आई सभी गोपियाँ
          छोड़े सब घर-बार

पूछे कान्हा, अरी गोपियों
          यह कैसा व्यवहार
लाज-काज और धर्म त्याग तुम
          मध्यरात्रि की इस बेला में
               क्यों आई यमुना तीर

हे कान्हा, यह प्रश्न तुम्हारा
          निर्दयी है अत्यंत
और साथ ही बता रहा
          तेरे मन का दंभ
एक तुम्हीं हो स्वामी जग के
          शेष सभी प्रतिबिम्ब
तत्व ग्रहण करना ही तो है
          जीवन का कर्तव्य

तब कान्हा ने प्रकट किये
          अपने कई स्वरूप
आनंद की उस मधुर घड़ी का
          क्या वर्णन संभव

ॐ

ऋषि गर्ग, एक ज्ञानी उत्तम
              आये एक दिन वृंदावन
कर प्रणाम, करे मैया आग्रह
              भोजन ग्रहण करें गुरुदेव

आमंत्रण स्वीकार किया पर
              एक थी उनकी भी शर्त
दी मैया ने तब सामग्री
              चाँवल, दूध, मिश्री और केसर

हो तन्मय तब गुरुदेव ने
              खीर बनाई गाढ़ी-गाढ़ी
रख प्रभु सम्मुख, करें प्रार्थना
              भोग लगाओ, मेरे स्वामी

सुन यह विनती, सोचे कान्हा
              मिला निमंत्रण, फिर क्यों देर
झटपट आये, पात्र उठाया
              भोग लगाया, जी भरकर

खोली आँख, मुनि ने देखा
              खाली पात्र, हुए गंभीर
अरी जसोदा, देख जरा
              तेरे लाला की करतूत

आई मैया, देख दृश्य तब
                कहे क्षमा करना गुरुदेव
है अबोध यह बालक थोड़ा
                पुनः कीजिये आप प्रयत्न

मैया फिर सामग्री लाई
                गुरु ने फिर से खीर बनाई
कर प्रणाम गुरु करें निवेदन
                भोग प्रभु कीजे स्वीकार

आँख मूँद कर पुनः संत करें
                प्रभु का मन में ध्यान
आये कान्हा किया उन्होंने
                खुशी-खुशी भोग ग्रहण

खोल आँख फिर ऋषि ने देखा
                दृश्य वही, हुए तनिक कठोर
कहे मैया, प्रभु क्षमा करें
                बालक यह थोड़ा चंचल

खीर बनाकर फिर से गुरु ने
                कहा प्रभु कीजे स्वीकार
आँख बंद करें मंत्र उच्चारण
                पर मन में उभरा संदेह

श्री ब्रज लीला – मुकेश छाजेड़

खोली आँख सामने कान्हा
        उठा रहे आनंद खीर का
कहें खीज कर, अरी यशोदा
        है उदण्डी लाल तुम्हारा

कान्हा, तू क्यों बार-बार
        करता है यह कार्य अनुचित
मैया ये ही बुला रहें हैं
        नहीं इसमें मेरी है जिद

बुला रहे हैं ये तो प्रभु को
        चतुर्भुजी जिनका है स्वरूप
यदि कहे तो मैया मैं भी
        दिखला दूँ अपना वह रूप

सोच रही मैया अब कैसे
        बदलूँ मैं इसकी वृत्ति
सोच रहे पर गुरुवर भी अब
        क्या है इसमें सच्चाई

मूँद आँख फिर किया संत ने
        मन-ही-मन जब प्रभु का ध्यान
चतुर्भुजी था रूप ही सम्मुख
        और अधरों पर खीर का कण

खोल आँख और शीघ्र उठाया
                पात्र था जिसमें रखा भोग
गये चाट जो भी था बाकी
                कहे, यशोदा है तू धन्य

गये झूमते गुरुजी घर से
                असमंजस में मैया पर
कोई आये इसे मारने
                कोई जूठा खाकर मस्त

                    ☙ॐ❧

अग्नि, वायु, जल हैं सेवक
ब्रह्मा और शंकर अभिलाषी
ऋषि-मुनि करते दीर्घ तपस्या
वे ही ब्रज में खेलें होली

मोरपंख, पीताम्बर धारी
अधरों पर है जिनके मुरली
जग के वैभव के जो स्वामी
करें वही माखन की चोरी

कभी फोड़ते माखन-मटकी
कभी असुरों को देते मुक्ति
धारण कर कभी गिरिराज को
समझाते हैं इन्द्र को गलती

जगन्नाथ, जग के वे कारण
कहते पर, मैया दे माखन
ज्ञान-कर्म-और-योग के उद्गम
कहते पर, है भक्ति उत्तम

ॐ

About Author

© Mukesh Chhajer

Mukesh Chhajer teaches mathematics and physics in Danville VA. He holds a bachelor's and a master's degree in chemical engineering and a Ph.D. in polymer physics. He has previously published eighteen books: Twelve collections of poetry in English, Four collections of poems in Hindi, a biography of Mahavir Swami in verse and one book of essays on Jainism.